JA

JA

Wider das (Ver-) Zweifeln.

Oder: buchstabierter Glaube

Felix Emanuel Schmid

Herstellung und Verlag:
BoD – Books on Demand, Norderstedt
ISBN 9783 7412 53430
Alle Rechte bei Felix Emanuel Schmid
23. Juli 2016

Zürich Altstetten, 23. Juli 2016

Vorwort

Wider das (Ver-)zweifeln. Ein Gegengift sollen diese Texte sein. Gegengift gegen alles „Nein" unter dem Mond. Gegen alle „So nicht", „So nicht" und „So nicht", die uns lähmen. Die unser Leben im Sand enden lassen.
Ein grosses „So!". Ein starkes „Ja!" soll dieses Buch sein. Weil das Leben siegt.

Wie es dazu kam…

Vorbereitet durch 25 Jahre Pfarramt mit vielen Höhen und Tiefen und unzähligen Einblicken in die Vielfalt menschlichen Lebens.
Angereichert durch unser Familienleben und das Begleiten dreier nun erwachsener Kinder.
Ausgegoren in unzähligen Stunden draussen in Seinem grossen Garten und im Reden mit dem Erbauer desselben.
Inspiriert vom Schreibstil der Nonne Maria Hedwig (Silja Walter), Kloster Fahr vor den Toren Zürichs. Dort lebte sie bis zu ihrem Heimgang ins ewige Ja im Jahre 2011.
Und hinein gestossen ins Schreiben durch meinen Freund Geri Keller – Vater vieler, angehaucht vom Ewig-Vater. Einiges floss von ihm in meine Texte. Nicht zuletzt aus seinem legendären Vater-Buch.

Inhalt

Ja	9
Herz Gottes	11
Jesus	14
Heiliger Geist	15
Welt	16
Mensch	19
Frau	22
Eltern	24
Abendland	26
Glaube	29
Hoffnung	32
Liebe	34
Segen	37
Gebet	40
Leben	42
Barmherzigkeit	44
Wahrheit & Gnade	45
Freiheit	47
Wort	49
Vergebung	50
Vollkommenheit	52
Stolz	53
Gesetz	55
Tod	57
Sand	59
Nein	61
Schönheit	64
Morgen	66
Wein	67

Motorrad	68
Melchaa	70
Sonntag	73
Sonne	75
Mond	77
Zwei	79
Treue	81
Traumwandler	83
Unverfügbar	85
Tanzen	87
Blut	89

Ja

Ja gesagt hast Du,
Gott.
Immer Ja.
Über allem
über jedem.
Jedem Halm,
jedem Vogel
und jedem
einzelnen Menschenkind.

Nein gesagt
haben wir.
Wie seltsam
ist das denn.
Der Ewige sagt Ja,
wir Zeitlichen Nein.
Meinten,
es besser zu wissen.
Jongllerten
mit Jahrmillionen
und –milliarden.
Meinten Leben zu haben
einfach so
aus Zufall.
Zugefallen.

Und Du?
Stehst da und sagst Ja.
Unbeirrt.
Ewig.

Hast Deine Arme
ausgestreckt.
Hast gelockt, gerufen.
Ja, geschrien dort
auf der Schädelstätte.

Nichts und nichts
wird Dich abbringen
von Deinem Ja.
Es ist,
so könnte sein,
das stärkste Wort
im Universum.
Weil Du es gesprochen,
niemals gebrochen.
Ja, Mensch,
Ja, dich meine ich.
Ewig und ewig.
Das bricht nie
und nimmer.

Gott, was kann man
dazu sagen?
Gibt es eine Antwort,
die auch nur
den Hauch
von Angemessenheit hätte?

Mir fällt nichts ein.
Nichts, gar rein nichts,
als nur das Eine:
JA

Herz Gottes

Gott, Dein Herz.
Was für ein Herz.
Himmelweit.
Erdennah.
Schlägt es auch
mit zwei Kammern
wie das unsrige?
Gespiesen vom Sauerstoff
des Geistes?
Pulsierend hinein.
Hinein in den Leib.
Den Leib Christi?

Es schlägt auf jeden Fall.
Schlägt himmlisch.
Schlägt ewig.
Schlägt für jeden.
Unaufhörlich pocht es.
Und pocht.
An die Türen
von Menschenherzen.
Pocht sehnsüchtig.
Pocht lange.
Soo lange.

Und immer.
Und noch.
Und pocht nochmals.
Pocht.
Bebend.

Mit Augen.
Voller Tränen.
Gott, dein Herz.
Was für ein Herz!
Zerlöchert auch.
Schreiend mit Kindern.
Sorgend mit Müttern.
Seufzend mit Greisen.
Und ratlos.
Ratlos vor Türen.
Harter Herzen.
Starker Herzen.
Die noch das Sagen haben.
Wie sie meinen.

Aber dann.
Unversehens.
Weil es so lange pochte.
Und niemals aufhörte.
Und keineswegs je aufgab.
Wird alles brechen.
Einbrechen.
Da wird es ja
unser Pochen.
Und der Rhythmus vermischt sich.
Wird zur Symphonie.

Dann, versteht sich.
Weinen wir zusammen.
Lachen wir zusammen.
Weil wir uns gefunden haben.
Du findest.

Dein Herz findet.
Viele Herzen.
Die Menschen.
Uns.

Niemals drum, Gott.
Gib niemals auf.
Du gibst nicht auf.

Und mein Herz?
Es pocht.
Schon ziemlich.
Schon meist.
Mit dem Deinen.
Noch mehr soll es.
Immer noch mehr.

Es ist die schönste Symphonie
auf Erden.
Es ist Schönheit.
Es ist Glückseligkeit.
Schön, wie schön, Vater.
Ist Dein ewiges Vaterherz.
Nichts berührt mehr.
Nichts ist schöner.
Geheimnisvoller.
Ewiger.

Jesus

Jesus.
Was war es denn bloss?
Wie sehr tat es weh?
Wie gross war er?
Der Schmerz.
Wie riesig das Heimweh?
Wie unerträglich?
Unerträglich.
Nicht mehr zu ertragen.
Du konntest nicht mehr.
Unmöglich konntest du
noch an dich halten.
Also, so hiess es im Himmel.
Jetzt. Es muss. Kein anderer Weg.
Ich muss zu ihnen.
Hinein.
Hinein.
Hinein.
In alles.
Zuunterst muss es sein.
Zuunterst dienen.
Zuunterst lieben.
Den untersten Weg gehen.
Danke, Jesus.
Ewig danke.

Heiliger Geist

Immer. Meist immer.
Wenn ich anfange.
Versuche Worte zu finden
für Dich.
Kommt nur:
Lieber, lieber, lieber
lieber, lieber, lieber.
Nichts sonst.
Ich weiss nicht,
was sagen sonst.
Nur immer:
Lieber, lieber, lieber.
Du, für den es kaum Worte gibt.
Du, der Du die Regale nicht füllst.
Der Klugen dieser Welt.
Ja, wahr ist das.
Unaussprechlicher.
Zärtlicher.
In allem webst du.
In allem bebst du.
Und doch.
Kaum je.
Kaum haben wir Worte.
Für Dich
diese flüssige Liebe.
Liquid love.
In unseren Herzen.
Vom Vater.
Vom Sohn.
Lieber, lieber, lieber.

Sei willkommen.
So willkommen.
Lass finden.
Lass uns Worte finden.
Dich zu lieben.
Dich zu herzen.
Dich zu Herzen zu nehmen.
Lass uns finden.
Wege finden.
Dir Raum
allen Raum
Kirchenraum
Weltenraum
zu geben.

Welt

Schön bist du.
Blau und schön.
Von ferne blau.
Von nahem grün auch.
Und schillernd
in allen Farben.
Und lebendig.
Atmend.
Fliegend.
Gross und klein bist du.
Alles und nichts.
Ein Nichts im Weltall.

Alles in Seinem Herzen.
Im Herzen dessen,
der dich schuf.
Der dich rief.
Der dich ruft.

Du hörst nicht.
Nimmst nicht.
Nimmst nicht auf.
Den sehnsüchtig
Rufenden.
Noch nicht.
Noch nicht.
Noch ein paar Wege.
Eigene.
Das weisst du aber nicht.
Nichts weisst du.
Was wissen Taube?
Längst schwerhörig
Gewordene?
Du gehst halt.
Eigen.
Dumm den eigenen Weg.

Und doch.
Du bist gerufen.
Ohne Anfang.
Ohne Ende.
Und dieser Ruf ist stärker.
Stärker als der Tod
und alle Taubheit.
Es ist der Schrei

des Liebenden.
Unendlich.
Unaufhörlich.
Dieser Schrei,
der immer lauter wird.
Seit Golgatha.
Mitten durch.
Durch dich hindurch,
Welt.
Durch dein Herz.
Durch deinen Schmerz.
Durch alles hindurch.
Was du nicht verstehst.
Bislang nicht.
Immer nicht.
Aber irgendwann doch.
Schrei Gottes:
Komm heim,
heim an mein Herz.
Es hallt
durch alle Räume,
Kammern,
Felsen,
Abgründe und Untergründe.

Und dann.
So ist's.
So wird's sein.
Gewiss.
Wird alles nur noch,
einfach so,
durchbrechen,

einbrechen,
einschiessen,
voll sein.
Voll, voll, voll.
Liebe, Liebe, Liebe.
Danke Ihm, Welt.
Du bist geliebt.
Unauslöschlich.

Mensch

Oh Mensch.
Menschenkind.
Weisst du,
wie schön du bist?
Weisst du,
wie sehr geboren
aus der Tiefe
meines Herzens?

Du tust viel.
Du kannst viel.
Du machst so viel
selber.
Hast du je daran gedacht,
woher das kommt?
Dieses Sprühen
und all deine Farben?

Hast du je angehalten?
Kannst du noch anhalten?
Innehalten.
Still werden.
Auch mal leise sein.
Und nochmals Hören.
Hinhören auf diese Stimme.
Die immer und wieder
summt und summt.
Auf die Stimme des Lebens.
Die Stimme, die alles ist,
alles ins Dasein rief.

Du kannst es, Mensch.
Denn dafür bist du geboren.
Gezogen und gerufen.
Dafür bist du geschaffen.
Du bist wie geschaffen
dafür.

Halte inne. Einmal.
Und wieder.
Und, ehrlich,
am liebsten
häufig oder gar
unaufhörlich.

Denn es spricht.
Spricht zu dir.
Das Herz der Liebe.
Das Herz des Ewigen.
Ich liebe dich.

Schön bist du.
Unsagbar schön.
Und unersetzlich.
Ohne Tun.
Ohne Verdienst.
Einfach du, du, du.
Schön.
Immer.
Für mich,
deinen Gott.

Und nun.
Glaube es.
Wenn du es wagst,
nochmals ganz still zu werden.
Wenn du nochmals hinhörst.
Wird geschehen,
was auch du dir
seit je her ersehntest.
Ein Heimkommen.
Ein unsägliches,
endlich
unendliches
gestillt Sein.

Frau

Zuletzt geschaffen,
Vollendung der Schöpfung.
Zuerst gerufen
am Tag der Auferstehung.
Gerufen zu verkünden
den Jüngern.
Erste Predigerinnen.
Gewürdigt vom
Meister des Lebens.
Vor allen
vor allem
bevor je
ein Mann das begriff.

Verkannt und verkannt
vom Mann,
der „Krone der Schöpfung",
die er gar nicht ist.
Sie ist es,
die Frau.
Verwirrung rief das
und Kampf.
Dabei war es stets klar:
Ehre sie, Mann
sie ist Trägerin des Lebens,
Gebärerin des Neuen.
Ja, Mutter Gottes sogar.
Ohne dein Zutun, Mann.

Damit du endlich,

endlich mal in dich gehst.
Und erkennst:
Die Würde kommt von dem,
der allein würdig ist.
Immerfort, wolltest du
an dich reissen die Würde.
Hast es auch,
vermeintlich zumindest,
geschafft dank deiner Stärke.
Stets schon
galt auf Erden
das Recht des Stärkeren.
Aber mitnichten ist das
die Regel des Höchsten.
Bei ihm gilt nur das eine:
Wer dient,
steht am Höchsten.

Gedient, gedient
und nochmals gedient
hat sie, die Frau.
Wurde es wahrgenommen?
Wurde es geschätzt?
Wurde es geehrt?
Auf Erden zu wenig.
Im Himmel allemal.
Darum, Frau, bist du so geehrt.
Tochter Zion,
steh auf und tanz!
Der Höchste sieht dich
der Höchste ehrt dich.

Und du, Mann?
Heute kämpfst du.
Wer ist der Mann,
fragt alle Welt.
Die Zeche ist das.
Für das Mandat,
das du hättest,
aber nicht wahrnahmst.
Und die Wende?
Sie liegt darin,
dass du wieder
ehrst, ehrst und würdigst.
Das „schwächere Geschlecht",
die wahre „Krone der Schöpfung".

Eltern

Älter sind sie,
vorangegangen.
Gegeben haben sie
Leben.
Nicht immer gleich.
Nicht immer leicht.
Oft zögerlich,
vielleicht gebrochen.
Und doch gegeben.
Weiter an dich
und an mich.

Ich danke es ihnen.
Alles, was sie gegeben.
Und was nicht floss
ist abgelegt,
ist weggefegt
durch ein einziges Wort,
das alles fällt:
Vergebung.

So wird er steigen,
der Fluss,
zunehmen fort und fort.
Der Fluss des Lebens.
Sehen, was gegeben,
vergeben, was gefehlt.
So steigen die Wasser
von Generation
zu Generation.

„Wie auch wir vergeben."
Das nur zu tun,
gebot uns der Meister
im Gebet der Gebete.
Damit nichts aufhält
den Lebensstrom,
der fliesst
aus der Tiefe
seines Herzens.

Abendland

Älterer Bruder
bist du geworden.
Längst schon,
kennst schon
alles.
Jede Ecke des Vaterhauses.
Ein und aus
gingst du darin
seit 2000 Jahren.
Geeifert hast du
und immer neu versucht
durch Denken,
durch Gehorchen,
durch Lernen,
und Lehren,
durch neu Denken,
reformieren
und Ausbreiten
der Botschaft
weltweit.

Müde wurdest du
vom Leisten.
So gut musstest du
immer sein,
älterer Bruder.
Und verlangtest es auch
von deinen Mitknechten
und den Untergebenen
und dem Volk.

Und alle wurden müde.
Verliessen müde
das Vaterhaus.

Nun siehst du
in die Welt.
Siehst das Heimkommen
in gewaltigen Strömen.
In den Ländern,
die du doch zuerst gerufen
durch deine Boten.
Durch deine Getreuen,
die du aussandtest.
Ihr Leben gaben sie.
Die Ernte fährt jetzt ein:
China, Indien,
Brasilien, Uganda.
Der jüngere Sohn
fand hinein
ins Vaterhaus.
Nicht als Knecht.
Als Sohn.
Und der Vater
tanzt und feiert
mit all diesen
Heimgekommenen.
Und der Vater dankt es dir.
Ewig.
Er weiss, was du gesät.

Und du?
Stehst stocksteif draussen.

Kannst dich nicht freuen.
Korsettiert auch
von Liturgie,
Dogmatik,
Rechtgläubigkeit
und Theologie.
Und vergiftet von
Besserwissereien
linker und rechter
Provenienz.

Komm, so ruft
der Geist und die Braut.
Bitte komm!
Leg ab die Fussfesseln
von Rechtgläubigkeit,
von Wohltemperiertheit.
Auch die Wüste
von Resignation
und Austritt aus allem.
Auch den Dschungel
all dieser -ismen.
Komm und tanze mit.
Komm und nimm dir;
nimm doch auch
ein fettes Stück
des Bratens.
Es ist angerichtet,
bereit für dich.
Das Hochzeitsfest
ist nahe.
Komm herein!

Darum bittet nochmals
derjenige,
der Vater aller ist,
der älteren und
der jüngeren
Söhne und Töchter.

Glaube

Möchtest du Gott
etwas schenken?
Ihm eine Freude machen?
Es gibt nicht Grösseres
als dein Ja.
„Ja, Vater,
ja, du bist Vater.
Ja, ich vertraue."

Vielleicht verstehst du gar nichts.
Sind die Wege nur
quer und durchkreuzt.
Und deine Seele schreit.
Das Konto - überzogen.
Nichts lief,
wie du gedacht.
Vor dir die Wand.
Dennoch:
Niemand kann dir verbieten,

ja zu sagen.
„Ja, Vater, ich vertraue.
Wege hast du,
wo die meinen enden."

Kannst du das?
Von Herzen?
Versuche es.
Ich sage dir:
Es macht IHN selig,
schlicht selig.
Denn ja,
offenkundig ist das:
Er hat dir alles, alles
und dann
darüber hinaus noch alles
und hinterher,
damit es klar ist:
ALLES geschenkt.
Sein Herz,
sein Liebstes,
sein eigenes Wesen:
seinen Sohn.
Den Ersten, Einzigen.
Exklusiv,
unique für dich.

Drum bitte,
überleg's dir nochmals,
ob er dein Ja nicht wert.
Dein: „Ja, Vater, ich vertraue."
Denn unmöglich kann es sein

anders,
als dass er dir
von endlosen Zeiten her,
längst schon,
alles schenken wollte.

Verstehe es,
Menschenherz:
Das einzige Sehnen
dieses unfassbaren,
ewigen,
unendlichen,
unausforschlichen
Vaterherzens ist:

Dir mehr,
als du je erträumt,
mehr als je erdacht,
zu schenken.
Er hat es bereits getan.
Nur ausstrecken musst du,
beständig und vertrauend
deine Hand.
Und sie
niemals mehr zurückziehen.
Versuche es.
Wage es.
Niemals zurückziehen.
Dein Ja.
Deine Hand.

Hebe deine Augen auf

zu den Sternen.
Wende dein Gesicht
zur Sonne.
Lass wehen um dich
die Wärme eines Sommerwinds.
Und dann erwäge es nochmals:
Wem sonst denn
möchtest du dein Ja,
dein innerstes,
dein tiefstes,
dein letztes
Vertrauen schenken?

Hoffnung

Nur ein Wort für dich,
mag sein.
Doch himmelhoch
im Himmel.
Mächtigste Waffe
stärkste Burg.
Geschmiedet
vom Schmied
aller Zeiten.

Für dich
hier auf Erden.
Triumphierend
noch und noch

gegen alles
und alle
Neins
unter der Sonne.

Nieder macht sie
ohne Ende
Verzweiflung
und sämtliche
-losigkeiten
unter dem
Sternenzelt.

Zur Seite steht sie dir.
Bereit
allzeit.
Für dich.
Klopft an die Tür
dunkler Herzen.
Bricht ein
mit ihrem Schein
in Verliese
längst schon
Gefangener
in Panik
und Resignation.

Darf ich zu dir kommen,
fragt sie.
Heute,
jetzt gleich?
Hell wird,

wenn sie darf.
Silberstreifen
malt sie
an deinen Horizont.
Denn ja,
so steht geschrieben:
Alles, alles
und alle Dinge
samt deren Grund
wird neu.
So hat
er es gesagt.
Der ‚Ich bin'.
Der Erste
und der Letzte.

Drum:
Lass ein,
lass ein
die Hoffnung.

Liebe

Höchste Gabe,
höchstes Wort.
Unaufhörlich
fliesst sie
unbestechlich
ist sie.

Nie, niemals
wird sie aufhören.
Alles und noch mehr als das
überwindet sie.
Sie ist stark.
Unsagbar stark.
Unbeirrbar.
Unbezwingbar.
Traue ihr.
Verschreib dich ihr.
Träume von ihr.
Denn es gibt nichts
wird niemals geben
etwas, das grösser,
stärker,
schöner.

Lade sie ein.
Überlasse dich.
Ihr, der Ewigen.
Dem Ewigen.
Atme sie,
öffne dich.
Fliessen will sie.
In dein Herz.
Direkt hinein.
In alle Kammern.
Infusion Divine.

Bis alles nur noch fliesst
in dir.
Von dieser Liebe.

Sie ist Anfang.
Sie ist Ende.
Sie ist alles
und mehr.
Mehr als alles.

Immer schon
wollte sie.
Dich ganz füllen.
Dich ganz wegholen.
Weg, weg
von allem,
das nicht will,
immer nicht.
Misstrauisch ist,
immer schon.
Krank ist
ohne Ende.
Nicht kann
nicht glaubt
nicht hofft.

Umarme sie,
die Liebe.
Denn längst schon
bist du
umarmt von ihr.

Segen

Benedictio.
Gut reden.
Gutes reden.
Das ist Segen.
Ohne Ende
spricht Gott
Gutes aus
über dir.
Ohne Anfang.
Geliebt.
Schön.
Kostbar.
Schön und gut.
Gut und schön.
So spricht es.
Unaufhörlich über dir.

Wer Ohren hat,
der höre.
Wofür hast du Ohren?
Was hörst du?
Welche Stimme?
Viele Stimmen
sprechen zu dir.
So nicht, so nicht
versagt
mehr
press dich
aus dir heraus
das Beste

das Letzte.

Nicht ist das
diese Benedictio.
Nichtig ist das.
Nicht dieses Reden
des Höchsten.
Deines Liebenden.
Der dich
ins Dasein rief.

Ja, laut, übertönend,
so sind diese Stimmen.
Immer schon war
der Treiber lauter.
Übertönender die
Stimme derer,
die dich drücken,
und unterdrücken.
Die Stimme derer,
denen es nie,
schlicht nie
genug ist.
Und, leider ja,
bist du so empfänglich.
Hast oft
zu oft
diese Stimmen
zu deinen eigenen gemacht.

Und so tönte es auch
aus dir

in dir:
Mehr, mehr,
nein, nein,
höher, weiter,
jetzt, es muss.
Und du meintest,
das sei Wahrheit.

Doch dies eine.
Die Stimme
dieses Einen
wird niemals verstummen
über dir.
Darum, oh Kind,
Menschenkind,
nochmals:
Hör hin.
Auf diese Stimme,
die leiser, aber wahr.
Gut und schön,
schön und gut.
So bist du.
So sagt diese Stimme.
So sagt Er:
So schuf ich dich.
Das setze ich frei
über dir.
Lerne hören
auf meine leise Stimme.
So wird alles werden
gut und schön.
In allem

trotz allem
Benedictio.
Ich segne dich.

Gebet

Höchste Sprachform
kostbarster Dialekt
Sprache des Herzens.
Fluss in dein Herz
von dem Seinen.
In Sein Herz
aus dir.

Leicht zu lernen.
Kinderleicht.
Für jedes Kinderherz,
das einfach plappert
und des Vaters Herz erfreut.
Beginne wie ein Kind
zu Plappern.
Wenn es von der Schule kommt
vielleicht
oder vom Klassenlager.
Freude jeder Mutter,
jedes Vaters:
Ein Kind, das einfach erzählt
und erzählt.
Mit Lachen Schönes

mit Tränen Schweres.

Beginne noch früher,
wenn nötig.
Lallen wie ein Säugling.
Aufsehen und einfach
Töne von sich geben.
Lachen, Seufzen
egal.

So wird werden.
Wirst du werden,
heranwachsen
zum Sohn,
zur Tochter.
Dein Reden wird tiefer.
Dein Hören wird schärfer.
Und unversehens erkennst du
wie nahe, unfassbar
nahe Er dir war,
stets schon war,
immer sein wird.

Gebet ist Rinnsal zuerst,
mag sein.
Lass fliessen und es wird
zum Fluss,
zum Strom,
zum Rauschen vieler Wasser
aus deinem Mund
hin zu Ihm.

Und überrascht werden
wirst du von Einsicht,
dass stets schon
aus seinem Mund
ein Strom ging und geht
hin zu dir:
Ich liebe dich,
liebe dich,
liebe dich.

Leben

Geheimnis des Höchsten.
Gewoben in Erdentiefen.
Zaghaft durchbrechend
ans Licht,
ans Licht!
Gefährdet
noch und noch.
Bekämpft
vom Tod.
Und doch stärker.
Viel stärker.
Immer
bricht es durch.
Noch und immer.

Seit dem
finalen Durchbruch.

Damals.
Aus Abgrund.
Aus Felsengrab.
Als alles, alles,
schlicht alles
gesprengt wurde.
Alle Blockaden.
Alles Nein.
Alle Maschinerien
von Vernichtung.
Hölle, Tod und Teufel.
Gesprengt,
gesprengt.

Das gilt.
Wird immer gelten.
Auch wenn das Säbelrasseln
noch nicht zu Ende
auf Erden.
Der Himmel,
der weiss es längst.
Das Leben siegt, siegt, siegt.
Denn Du,
Du, bist das Leben.
Anbetung Dir.
Von Äon
zu Äon.

Barmherzigkeit

Etwas aus der Mode,
dieses Wort.
Hinten links
in deinem Bücherregal,
und ganz unten,
vielleicht.

Wie soll man
denn sonst sagen.
Es ist dieses
Herabbeugen,
sich Neigen,
ganz zugeneigt Sein
jemandem.

Aufheben auch
aus dem Staub,
diejenigen,
die hinein
getreten.

Innerstes Sehen,
Verstehen
deines Gegenübers.
Ob es nun
gering
oder hoch,
zutiefst verletzt
oder zu Ross.

Einfach Verstehen.
Und Überfliessen.
Wegen dem Blick
dahinter.
Dem Blick auf
die Bedürftigkeit,
Nacktheit,
wo eben nur
Barmherzigkeit
weiter hilft.

Misericordia Deo.
Nur er sieht ganz.
Und doch lehren
möchte er dich.
Lernet von mir,
sagte er.

Allen leichter wird's,
wenn wir es tun.

Wahrheit & Gnade

Was ist Wahrheit?
Gerne fragst du,
ungern wagst du's.
So ist das meist.
Oder doch ganz
unaufhörlich.

Denn Wahrheit ist
scharf.
Messerscharf.
Wahrheit tut weh.
Kaum zu ertragen,
unerträglich,
unausstehlich.

Geh mir weg
mit Wahrheit.
Denn ändern
kann sich doch nichts.
Ändern kann
schon gar nicht
ich mich.
Also schweig.
Bitte sei still.
Fussball!
Wie wär's damit?
Frankreich?
Deutschland?
Da bin ich voll dabei.
Auch wenn die Schweiz
nicht vorn.

Aber lass mich
bitte, bitte, bitte
in Sachen Wahrheit
ruhen.
In Ruhe.
Denn ich kann's nicht lösen.
Kann mich nicht lösen.

Kann nichts lösen.
Also lass mich.
Lass mir mein Bier.
Und meine EM.

Traurig.
Weg geht sie,
die Wahrheit.
Traurig darüber,
dass du nichts
von Gnade weisst.
Gnade, die löst,
erlöst.
Gnade,
die Chance gibt,
Chance,
hin zu schauen.
Und zu lösen.
Zu erlösen,
Was sie, die Wahrheit
zeigte.

Freiheit

Flug des Vogels.
Zug der Wale.
Schrei der Möwen.
Brüllen der Löwen.

Hör, zu, Mensch!
So ist Freiheit.
So gedacht.
So erdacht.
Auch für dich.

Wie, fragst du.
Wo, fragst du.
Wo ist der Eingang
in solche Freiheit.
Gebeugt. Bin ich.
Angespannt meist.
So frei, frei, frei?
Selten.
Vielleicht, ja,
wenn ich dann genug
gespart habe.
Dann.
Auf Weltreise.
Nur vielleicht.

Schau nochmals, Mensch.
Schau zu.
Dem Flug des Adlers.
Dem Zug des Storchs.
Schau zu und vertrau.
Zur Freiheit berufen.
Bist auch du.
Nicht nur meine Tiere.
Auch du.
Zur Freiheit bist du befreit.
Vertraue darauf.

Dafür gab ich alles.
Mein Leben.

Wort

Ein Wort nur
und doch Geheimnis,
unauslotbar.
Am Anfang war es
bei Gott.
Ein Wort,
mehr als alle anderen
ist es.
Gesprochen wurde es
und es geschah.

Ein Wort
so kostbar,
so mächtig.
Ein Wort kann bauen.
Ein Wort kann vernichten.
Macht ist im Wort.
Macht hat, wer es spricht.
Und weiss es oft doch nicht

Achtlos hingesagt
wird es oft.
Und hinterlässt doch Spuren.
Gräbt ein,

prägt ein,
schafft Leben
oder löscht es aus.

Habe acht, Mensch,
auf dein Wort!
Kostbarste Gabe
des einen Wortes
ist es.
Dass auch du
es aussprechen kannst.

Hör hin auf das,
was du sagst.
Erwäge die Worte
deines Mundes.
Fluch und Segen
liegen auf deiner Zunge.

Vergebung

Weisst du, was das ist?
Vergebung.
Hat nichts zu tun
mit vergeblich!
Sondern mit
Ver – Geben.
Geben.
Los-Geben.

Frei-Lassen.
Willst du frei sein?
Dann lass frei!

Willst du, dass Gott
dir vergibt.
Sich an dich
Ver – Gibt?
Er will es.
Ja, schon längst
und noch.

Öffne die Hände.
öffne dein Herz.
Lass alles.
Lass alle.

Und du wirst erfahren.
Dass ER gibt.
Sich an dich
Ver – Gibt.
So wirst du reich.
Und die Armut von
Bitterkeit
Unversöhnlichkeit
Verkrampfung
weicht.

Vollkommenheit

Ein schönes, grosses Wort.
Streben wir danach!
Es lebt, ja
in unseren Herzen.
Dieses Ahnen
dass es sie gibt.
Die Vollkommenheit.
Zur Vollendung
so wollten wir es
gerne treiben.
Alles
ob Kunst
oder Medizin
oder
oder.

Und doch nie,
nie reicht es.
Wir reiten, reiten, reiten
auf unseren Rossen.
Wollen erhaschen
wenigstens einen Blick tun darauf
auf die lang Ersehnte.

Dabei kommt sie uns längst entgegen.
Nicht reitend, nein
sondern bescheiden
schüchtern fast.
Unfassbar: Kniend!
Vor uns nieder kniend.

Um uns die Füsse zu waschen
von all unserem Reiten,
Eifern und Gieren.

Oh, Vollkommenheit!
sei willkommen
vollkommen willkommen.
Meine Füsse
täglich
strecke ich sie dir hin.

Stolz

Krankheit des Menschen,
die ihn zerstört.
Beziehungen zerstört.
Liebe zerstört.
Alles zerstört.
Sich nicht beugen können.
Was für eine
unsägliche
Behinderung.
Nicht eingestehen
können.
Recht haben müssen.
Nicht loslassen können.
Niemals, niemals
Verlierer!
So schreit er,

der Stolz.

So bleibst du
auf der Strecke.
Immer.
Auch wenn du gewonnen.
Alle ausgestochen.
Am Ende bist du
einsam.
An der Spitze vielleicht.
Aber brand-einsam.
Es brennt in dir.
Ich war doch so gut.
Hab doch alles erreicht.
Und jetzt?
Merke ich,
wie unausstehlich ich bin,
geworden bin.
Ob all dem Siegen.
All dem nicht Nachgeben.
All dem nicht Eingestehen.

Es gibt ein Gegenmittel.
Höre dem zu, der alles gab.
Obwohl er der Höchste war.
Der Verlierer und nochmals
Verlierer wurde.
So erreichte er die Krone
so gewann er die Herzen.
Im Loslassen und Geben
hat er gewonnen.
In Wahrheit gewonnen.

Lehre von ihm.
Und du wirst siegen.
Indem du loslässt,
freigibst und höher
achtest.
So verlierst du alles.
Und gewinnst
am Ende
noch mehr als das.

Gesetz

Du sollst,
so steht geschrieben.
Und was
du nicht sollst
ebenso.
Plage ist das.
Kampf ohne Ende.
Die Schrift hat
es gefordert.
Dein Gewissen auch.
Gehalten hast du's
nimmer.
Wie macht das müde.
Wie macht das stumpf.

So mach's halt leidlich.
Und sag: Ich bin schon recht.

Doch davon
endet das Bohren nicht.
Vielleicht nicht mehr hörbar
im Karussell deines Lebens.
Nur diese elenden Momente.
Wenn die bloss nicht wären.
Wenn alles anhält,
der Mond dich anschaut,
stumm.
Das Meer vor dir liegt,
in sachtem Glitzern,
widerspiegelnd
das stumme Mondgesicht.
Da steigt es auf
unvermittelt.
Und leise sagt es:
Es genügt nicht.
Du genügst nicht.
Und das Leben?
Es ist woanders.

Wo denn? Himmel!
Gibt es kein Entweichen?
Kein Entfliehen?
Wer stellt mir
dieses Bohren ab?
Das stumme Mondgesicht
widerspiegelnd das Leben.
Glitzernd nachts
im Meer.
Es zeugt von einer
andern Stimme.

Der Stimme des Einen,
der das Joch brach.

Tod

Lohn unsres Handelns.
Verhängt von höchster Stelle.
Lohn der Trennung
von Ihm,
dem Leben.
Aber nicht selber mächtig
nicht eigenmächtig.

Das Leben regiert
nicht er, der Tod.
Obwohl er gern möchte
und uns gern glauben macht.
Lohn ist er, nichts weiter.
Kelne höhere Bedeutung.
Keine ewige Bestimmung
hat er.

Und besiegt ist er.
Sein Stachel
ausgerissen.
Von dem Einen,
der Weg, Wahrheit
und Leben ist.

Auch wenn er
noch daher kommt
auf Erden.
Immer wieder
sich produziert
als letztgültig
allmächtig.
Sich in Szene setzt
schrecklich
entsetzlich.

Lass dich nicht mehr schrecken
drum.
Hör nicht mehr hin.
Auch wenn er
medial allgegenwärtig,
wie er meint.

Nur einer ist
allgegenwärtig.
Er, der Auferstandene.
Täglich.
Vertrau darauf.
Schau darauf.
So wirst du leben.
Und die Schatten weichen.
Die Finsternisse
von Angst und Tod
verbleichen.

Licht, Licht, Licht
wird.

Leben bricht auf.
In deinem Herzen.
Schau darauf.
Trau darauf.
Leben
wird dein Lohn sein.

Sand

Sand, Sand, Sand.
Gestreut in unsere Herzen.
Sand, Sand, Sand
im Getriebe unserer Gedanken.
Sand
auf unserem Gesicht.
Sand
unter unseren Füssen.
Knirschend
zwischen den Zähnen gar.
Vertrocknet die Zunge
am Gaumen.

Toter Sand.
Grau, gelb, braun, schwarz.
Worte der Verzweiflung.
Das Nein im Innersten.
Ausgewaschen
in der Welt des Denkens.
Reiner Sand.

Und in der Seele die Bitterkeit.
Sollte Gott gesagt haben?
Nein und immer nein.
Obwohl er es doch tat.

Woher kommst du?
Gestreut, hereingeweht
aus der Wüste
der Lügen.
Uns zu töten.
Auszutrocknen
unser Leben.

Zurück, zurück
durch den Sand!
Zurück
durch die Wüste.
Zurück
ins gelobte Land.
Das immer schon
wartet,
lockt von Ferne.
Komm heim!
Zurück durch den Sand,
hin in dieses Land,
wo es fliesst.
Milch und Honig.

Das wird bleiben
die Geschichte
des Heils.
Auf den Weg!

Zurück,
wie damals
Mose und das Volk.

Denn nie hörte er auf,
der Strom.
Der Strom von Milch
und Honig.
Innerstes genährt Sein.
Süsse,
die alles durchdringt.
Das süsse Ja.
Ich bin
und du sollst auch sein.
Lebendig und bewässert.
Auf ewig.

Nein

Nein und abermals nein.
So nicht
und schon gar nicht so.
Zu dick, zu dünn
zu faul,
nein zu sehr Streber.
Kein Sänger,
keine Sportlerin.
Zu wenig so

oder so
oder so.
Sei doch etwas
wie die da
oder der dort.
Und wie du
wieder isst!
Und wie du wieder
sitzst am Tisch!
Zum Glück gibt's
das Buch
vom Suppenkaspar!
Holt mir das!
Da siehst du,
wie daneben.
Hoffmann sei Dank!

Und so schnitt
es und schnitt
es und schnitt
es ab.
Beschnitt dich.
Zur hübschen Hecke.
Angepasst
durch und durch.
Oder hochgestylt
zum Äussersten
an Leistung.
Verschnitt dich gar.
Verunsichert
bis in den Kern.
Wankend

in deiner Identität.

Einer weint.
Weint sehr darüber.
Der wahre
Weingärtner.
Der allein weiss,
wer du;
wie du beschaffen.
Der allein weiss,
wo es hätte sprossen
sollen.
Ins Kraut schiessen,
aber richtig.
Und wo der
saure Schössling wuchs,
den man hätte
schneiden sollen.

Und jetzt?
Vertrau!
Noch lebst du.
Noch wächst es
an dir und in dir.
Lass dich pflegen.
Von den Händen,
die allein weise,
behutsam
und liebevoll.
Von dem einen Herzen,
das alleine weiss,
wie das deine schlägt.

Vom Vater,
dem allein
wahren Weingärtner.

Schönheit

Menschen sind Ästheten.
Das ist schön.
Das ist nicht schön.
Der ist hässlich.
Diese ist perfekt.
Das neue Supermodel.

Urteile. Urteile.
Aus Froschperspektive.
Von Hirnen erdacht.
Von Augen geprüft.
Die nichts wissen davon,
was Schönheit ist.
Schönheit. Was ist Schönheit?
Alles ist Schönheit.
Die ganze Schöpfung singt von Schönheit.
Weisst du nicht, wie schön du bist?
Ob dick, ob dünn
ob lang, ob schmal
ob picklig oder mit glatter Haut.
Ob blitzgescheit oder IV-Bezüger.

Schön, schön, schön

ist alles Leben.
Denn es kommt aus dem Herzen
der Schönheit.
Aus dem Herzen dessen,
der einzig und allein
wirklich schön ist
und weiss, was Schönheit ist.

Mensch, der du meinst
soo weise zu sein.
Kannst du dem zuhören?
Kannst du mal anhalten?
Wagst du es?
Diese Demut.
Die eingesteht, dass sie nichts weiss?
Nichts und immer nichts.
Weder von dem, was Schönheit ist
noch von dem was Leben ist.

Halte doch nochmals an.
Bitte! Bitte!
Lass dich noch und nochmals lehren.
Lehren von dem Einen, der weise ist.
Von dem Einen, der weiss
was Schönheit ist.

Alles Leben ist Schönheit.

Morgen

Egal wie,
du kommst.
Ob früh
oder spät,
neblig,
klar,
nass,
oder kalt.
Unaufhaltsam
ist es,
dein Kommen.
Und deine Boten
schickst du
dir voraus.
Damit es
uns dämmert.
Damit es
uns singt.

Morgen, Morgen
Zeuge bist du
auch von jenem Erwachen,
als alles sprang.
Das war sein Morgen
am dritten Tag.
Ward unser Morgen
weil er ihn
mit allen
geteilt.

Ja, dämmern
soll es uns.
Das Aufwachen
hat begonnen.
Hin zum
letzten Morgen.
Dessen Stern
uns bereits
erschienen.

Wein

O, du Gewächs
des Weinstocks.
Wie blass wäre die Welt
ohne dich.
Ohne diese Faszination
dich anbauen,
veredeln,
pressen,
ausbauen zu können.

Ohne dieses blutrot,
goldgelb und zartrosa.
Ohne diesen Duft
in den Kellern,
in den Gläsern.

Geschenk bist du uns.

Unausforschlich erdacht
vom Erdenker aller Dinge.
Damit wir uns freuen sollen.
Damit wir ein Zeichen haben.
Ein Zeichen dafür,
dass da jemand ist.

Über uns.
Bei uns.
In uns.
Einer der es stets schon
gut,
schlicht und einfach
gut mit uns meinte.

Motorrad

Freiheit,
Kraft,
Weite.
Für grosse und kleine
Männer und Frauen.
Passauf,
passab.
Im Rausch fast.
Faszination.
Ein Virus gar?

Ich setz mich drauf

und denke:
Wow!
Was haben wir erreicht!
Siebesieche simmer!
Ja, klar!
Ride on!
Aber nicht
ohne Hirn!
Einer schaut zu
und hat Spass.
Ist stolz.

Schon immer
wollte er,
dass auch wir
schöpferisch.
Freut sich
wie ein Vater
über des Kindes
erster Schritt.
Sei schöpferisch!
Auch wenn
Maschinen
nicht dein Ding.
Was immer deins.
Freu dich dran.
Bau es aus.
Und erinnere dich:
Einer schaut zu
und hat Spass.
An dir.
Mit dir.

Melchaa

Rauschen seit Jahrhunderten.
Auch vor 500 Jahren gleich.
Als Klaus,
unser Bruder
bei dir hauste.
Wie oft wohl
hat er gesessen
an deinen Gestaden.
Gestaunt,
wie vielleicht
nur er es konnte.
Woher du kommst,
wohin du fliesst.
Aus engen Bergestiefen
hin zum Meer,
der unendlichen Weite.

Warst du ihm Bild?
Bild des Lebens,
geboren in der Enge,
in Erdentiefen,
aber ausbrechend,
Weite suchend
und findend?
Leben findet
immer die Weite.
Wahres Leben
gewiss.

Denn es ist

aus Weite geboren.
Aus der Unermesslichkeit
eines Herzens,
des Schöpferherzens.
Auch wenn es
bedrängt,
eingeengt,
sich Weg suchen muss.
Weg findet es.

Immer begleitet
vom Ja des Einen.
Ja, du findest
deinen Weg,
deine Bestimmung.

Keine Ahnung,
lieber Bergbach,
ob dir solches bewusst.
Aber eines,
das ist unbezweifelt.
Gerauscht hast du
schon damals
draussen
vor der Zelle
des Gesegneten,
Berufenen,
Gezogenen.
Von dem so viel,
bis heute
unausgelotet viel
Gnade

und Segen
und Frieden
ausging
in unser ganzes Land.

Ein wilder Bach.
Ein kleiner Fluss.
Mehr bist du nicht.
Musst du nicht sein.
Willst du nicht sein.
Genau!

Fliess, fliess weiter
zu Seiner Ehre.
Und auch wir
wollen fliessen
oder, wenn noch nicht,
es lernen,
in dem was wir sind,
wozu wir gedacht sind.
Nicht mehr
und nicht weniger.

Sonntag

Mauer gegen die Endlosigkeit
von Arbeit und Sklaverei.
Gebaut vom Liebenden,
der nicht möchte,
dass wir ausbrennen.
Gerufen sind wir.
Nicht Gebot,
Angebot ist das.
Gegen das Hamsterrad.
Angebot zum Ein-
und Ausatmen.
Hierfür brauchst Du
nicht mal irgend
so eine
stets wechselnde
Methode.

Einfach kommen
und atmen.
Einen Tag lang
Leben atmen.
Vom Leben beatmet werden.
Erkennen, dass Leben
mehr, über alles mehr.
Überragend mehr ist,
als Arbeit, Leistung
Schweiss und Preis.

Wer lehrt dich das?
Dein Chef?

Dein Konto?
Deine Nächsten,
denen es auch oft
oder meist sogar
nicht genug?
Was du bist,
was du bringst.

Nein!
Lass dich lehren
von dem Einen,
der allein weiss,
allein kennt
den Unterschied.
Zwischen Leben und Arbeit,
Sklaverei und Freiheit,
Atmen und keuchen.

Lass dich lehren.
Von demjenigen,
der damals schon sagte:
Am siebten Tag sollst du ruhn.
An seinem Herzen
ist das möglich.
Immer.
Lass dich lehren.

Sonne

Bild für das,
was der Mensch
nicht schauen kann.
Alles wärmst du,
alle erleuchtest du.

Und doch:
Dir ins Gesicht sehen
können wir nicht.

Wir leben unser Leben
unter deinen Augen.
Täglich neu,
täglich treu,
sendest du
deine Strahlen.
Dosiert für alle,
damit niemand
verbrennt
und keiner
erfriert.

Und wenn du
verfinstert
von Wolkendunkel.
Unversehens dann,
malst du mitten
in Blitz und Sturm,
Hand in Hand
mit den fallenden Tropfen

den Bogen.

Bild bist du,
wie alles,
was Er schuf.
Predigt bist du
für alles,
was lebt.

Mit der ganzen Schöpfung
lässt Du's erschallen
durch's Erdenrund,
das immer gleiche Lied
in tausenden von
Schattierungen,
Variationen
und Tönen:
Für dich, Mensch
für dich!
With love,
dein Gott.

Mond

Still stehst du da.
Abend für Abend
meist.
Wenn du nicht pausierst,
um neu zu werden
um erneut zu stehen.
Strahlst angestrahlt.
Zeugst von dem einen Licht.
Still,
Nacht um Nacht.

Eine stumme Predigt
ohnegleichen.
Mit Gesicht sogar.
Lächelnd?
Ernst?
Gott weiss.
Er hat es dir gezeichnet,
Mondgesicht.

Die Zeiten teilst du uns.
Machst uns bewusst
die Zeit,
die zerrinnt
und doch immer neu wird
und hin eilt,
hin zum Ewigen.
Oh, Mond!
Darf man dich lieben?
Wann immer ich dich sehe,

schlägt mein Herz
zwei Takte höher.
Nicht wegen dir,
oder doch?
Geschöpf bist du
wie ich.
Und zeugst mir
von dem Einen,
der schuf
dich und mich.

Danke, Mond!
Wir sind Freunde.
Gar Geschwister vielleicht.
Werde ich dich sehen dort.
Wirst du nebst Gesicht
auch Wesen haben?
Werden wir uns
sprechen können?
Ich weiss es nicht, Mond.
Du vielleicht
ebenso wenig.
Eins weiss ich:
Du bist mir Zeuge
unendlicher Schönheit
und beständiger Liebe.
Und ich möchte so gerne,
angestrahlt wie du
von dem einen wahren Licht
strahlen.
Gute Nacht,
lieber Mond!

Zwei

Zwei und immer zwei.
Arme, Beine, Augen.
Ohren, Hände, Knie.
Gespiegelt,
  einander zugetan.
Zwei und zwei.
Mann und Frau.
Gott und Mensch.
Mutter und Sohn.
Tochter und Vater.

Paar bei Paar.
Im Paradies,
in der Arche,
im Zeugen
und gezeugt Werden.
Zweiheit,
aus der Einheit entsteht:
Leben.

Geheimnis von Anfang an,
nach deinem Bild geschaffen:
eins und doch zwei
zwei und doch eins.
Aber ach:
Immer wieder entzweit,
entfremdet,
getrennt.
Geteilt und beherrscht.

Doch unbezwingbar ist
der erste Ruf:
Dein Bild, Dein Werk ist es
in der Zweiheit
von Mann und Frau.
Wieder hergestellt
wird das.
Dem Entzweier zum Trotz.
Zertreten wird
all dies Werk
der Trennung.
Bereits zertreten ist es.

Dort am Kreuz.
Als zusammen kam
Himmel und Erde.
Gott und Mensch.
Mensch und Mensch.
Sodass es wieder gilt:
Eins und ein gibt eins.
Du wirst nicht ruhn,
bis es vollendet,
was Du vollbracht.

Und wir?
Wir singen!
Wir tanzen!
Wir lachen!
Weil wir begriffen,
dass Du der Vollender.
Wir machen mit.
Steigen ein.

Du und wir.
Ich und Du.
Eins und eins gibt eins.

Treue

Ein Lieblingswort Gottes.
Immer gehalten,
was versprochen,
das hat nur einer.
Fels in der Brandung,
Auge im Sturm,
ewiger Anker.

Worauf willst du dich verlassen?
Auf Menschen?
Ein Fluch ist das,
wie geschrieben steht.
Denn wir alle
treiben im Wind.
Unstet oft.
Wer hat sein Wort
noch nie gebrochen,
ausser Gott?

Treue ist das Siegel des Höchsten.
Kein einziges Wort
lässt er fallen.
Auf jede Zusage

ist Verlass.
Treu, das kannst du glauben,
ist er.
Und im Stehen
auf diese Treue
wirst auch du fest.
Kannst etwas spiegeln
von dieser Verlässlichkeit.

Drum bau dein Haus
aus den Steinen
seiner Versprechen.
Mein Hirte.
Mein Licht.
Meine Zuflucht.
Sonne und Schild.
So darfst du sagen
Tag für Tag.
Stein um Stein
darfst du setzen.
Jeder einzelne hält.

So wird dein Haus
standhalten.
Und andere finden
Zuflucht darin.

Traumwandler

Traumwandler bist du, Gott.
Unsern Traum
wandelst Du.
Lässt ihn
Wirklichkeit werden.
Deinen Traum
wandelst Du.
Lässt ihn
Wirklichkeit werden.

Immer schon
träumtest Du,
dass jeder sitzt
unter seinem Weinstock.
Ernten darf,
was er gepflanzt.
Nichts Böses geschieht
auf Deinem Heiligen Berg

Noch und noch, leider,
wurde dies nicht wahr.
Da wir nicht
und nochmals
nicht wollten.
Lieber reiten
wollten wir.
Davon auf unseren Rossen.
Hinterher
unseren eigenen Träumen.
Die wir doch

nie und nie
wandeln konnten
zur Wirklichkeit.

Schäume waren es.
Seifenblasen,
denen wir nachritten.
Selber zu schaffen Leben.
Selber zu sitzen
unter dem Geschaffenen,
Gepflanzten.

Wie lange denn noch.
Werden wir reiten
und meinen,
selber den Platz zu finden?
Den Platz der Ruhe
unter dem Weinstock?
Den Platz im Schatten?
Um endlich zu geniessen?

Und Du?
Stehst da
seit 2000 Jahren.
Und sagst nur
ein Wort:
Friede!
Schalom!
Friede, euch!

O Gott.
Vergib!

Gib Gnade.
Damit wir
endlich
heimkehren,
einkehren.
In diesen Frieden,
den Du längst bereitet.

Unverfügbar

Unverfügbar ist es,
das Leben.
Und nicht zu erwerben.
Niemand lebt davon,
dass er viele Güter hat.
Niemand kann es
ergreifen.
Nur empfangen werden
kann es.

Es ist
unausschöpfbares Geheimnis.
Es ist Gabe.
Es ist mehr als alles.
Einfach so
haben wir es.
Unverdient.
Und meinen doch
es machen zu müssen,

mehren zu müssen,
selber kreieren zu können.

Eigentlich war es
von Anbeginn gedacht,
dass es einfach fliesst.
Und jeder sich
an seinen Strom
setzen darf.
Doch dann
griff der Mensch danach.
Wollte darüber herrschen,
es zu seinem Eigentum machen.
Und es entwich.
Wich einer Knechtschaft.
Wich gar dem Tod.

So sitzt er nun,
der Mensch.
Im Schweisse seines Angesichts.
Und was erlangt er?
Nicht das Leben
sondern Kampf
ums Überleben.

Noch immer fliesst er,
der Strom des Lebens.
Noch immer darfst du
umkehren zu ihm.
Hinkehren dich
und trinken
das Leben,

das fliesst.
Unaufhörlich
aus der Tiefe
dieses Herzens,
das Leben ist
und Leben gibt.

Tanzen

Alles tanzt,
schau zu.
Die Schwalben
wirbelnd in der Luft.
Die Mücken
auf und ab im Takt.
Schwärme von Fischen
als wär'n sie dirigiert.
Die Wellen
an allen Ufern der Erde.
Und um die Sonne
die Planeten.

Es wird getanzt.
Auch du bist
geladen zum Tanz.
Zur Melodie des Lebens,
den Tönen des Friedens
die er gebracht.
Es ist Gotteswahl heute.

Du bist geladen.
Du bist gemeint.

Lass die Trauer.
Lass die Klage.
Gedenke nicht mehr
des Früheren.
Steh auf und tanze mit.
Hinein in den Himmel
der ist und der kommt.
So wird es sein
am Ende gar,
dass die Bäume
in die Hände klatschen
und die Berge jauchzen
zum Tanz,
der ausgegeben wird
für alle Völker.

Denn das Ende,
das ist gewiss,
ist eine Hochzeit,
ein ewiges Mahl.
Mit Musik und Tanz.
Mit Speisen und Wein
ohnegleichen.
Geringer darf's nicht sein,
wird's nicht sein.
Denn es ist seine Hochzeit.
Die Hochzeit des Lammes.

Blut

Rauschend
in allen Adern.
Pulsierend
durch die Kammern
des Herzens.
So erreicht es
die äussersten Zellen.
Und nährt
und beatmet.
In endlosem,
unermüdlichem Strom.

Im Blut ist das Leben,
so heisst es.
Sein Blut
gab er für uns.
Und es rauscht
durch alle Adern
dieser Welt.
Pulsiert durch die Kammern
von Gottes Herz.
Erreicht
am Ende ja!
Die äussersten Zellen.
Nährt und belebt.
Haucht ein
seinen Atem
den Geist des Lebens.

Es drängt hinein

in das, was erstorben.
Wo immer es hin kommt,
hin darf
wird Atem
wird Leben.
Es wird nicht stoppen
ist nicht zu stoppen.
Bis alles atmet, lebt und tanzt.